I0760230

INSTRUMENTOS MUSICALES
Los ukeleles
Ruth Daly
AV2 SPANISH
www.av2books.com

Step 1
Go to **www.av2books.com**

Step 2
Enter this unique code
AVC35873

Step 3
Explore your interactive eBook!

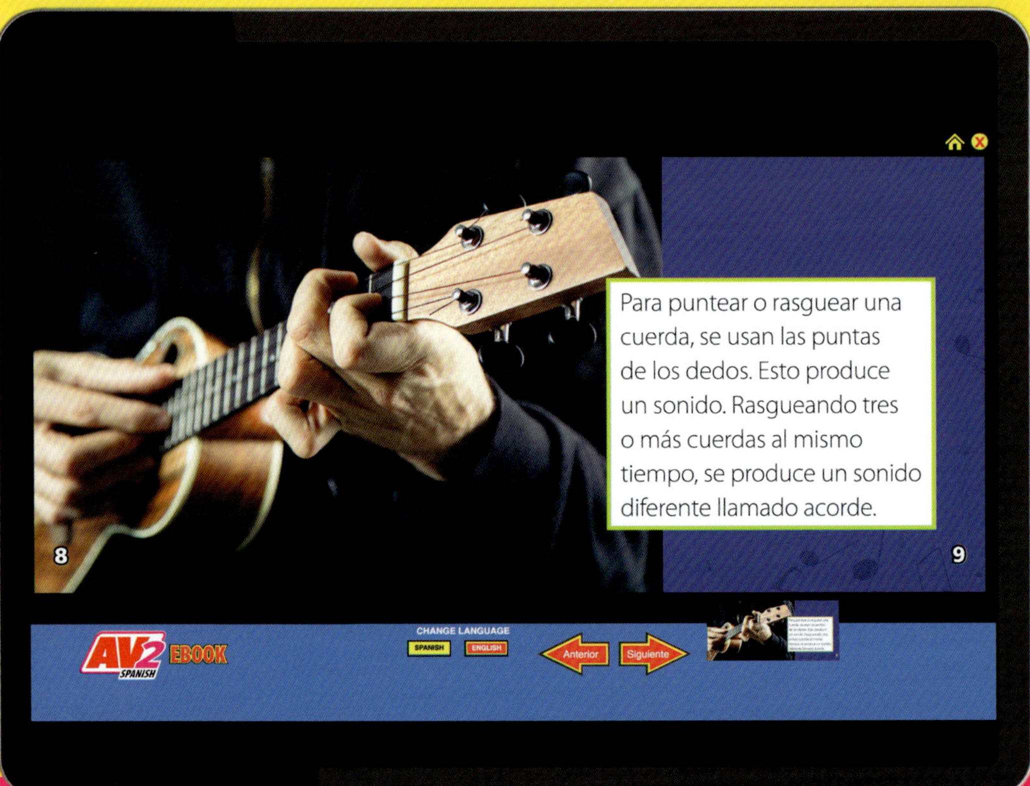

AV2 Spanish is optimized for use on any device

Media Enhanced Book
Every hardcover Spanish title comes with two free eBooks for a complete bilingual experience

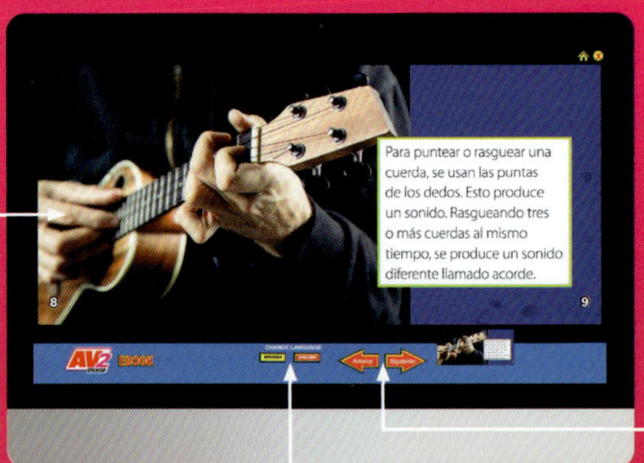

AV2 Page Controls
An intuitive design allows users to go back and forth through the pages in their selected language

Language Toggle
Users can toggle between Spanish and English to learn the vocabulary of both languages

View new titles and product videos at www.av2books.com

Los ukeleles

En este libro, aprenderás sobre

- los ukeleles
- qué son
- cómo se tocan
- ¡y mucho más!

Rasguea las cuerdas mientras cantas una canción. ¡Es muy divertido tocar el ukelele!

El ukelele es un instrumento de cuerdas. La mayoría de los ukeleles tienen cuatro cuerdas. Algunos tienen seis u ocho. Cada cuerda hace un sonido diferente.

La palabra ukelele significa "pulga saltarina" en hawaiano.

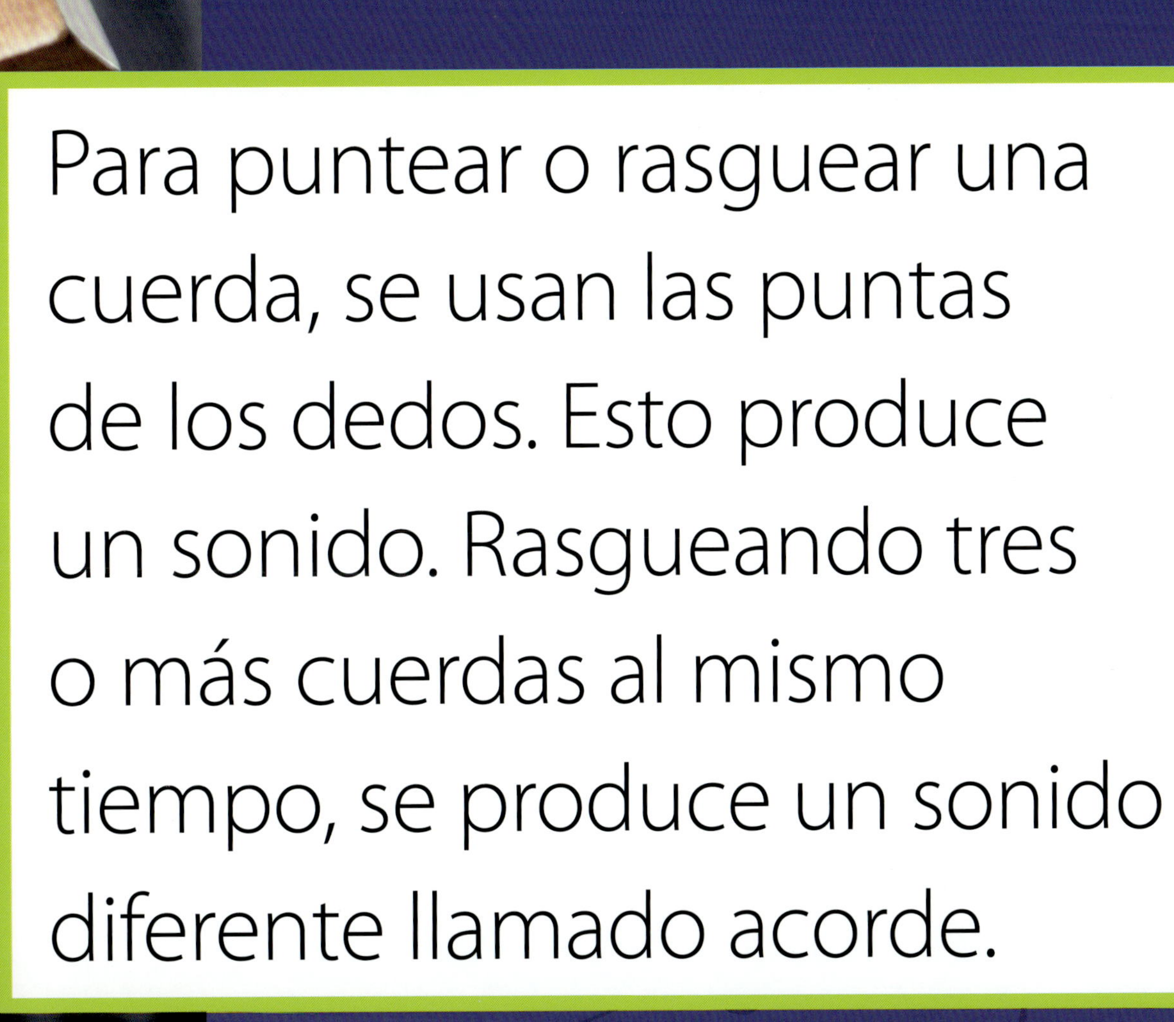

Para puntear o rasguear una cuerda, se usan las puntas de los dedos. Esto produce un sonido. Rasgueando tres o más cuerdas al mismo tiempo, se produce un sonido diferente llamado acorde.

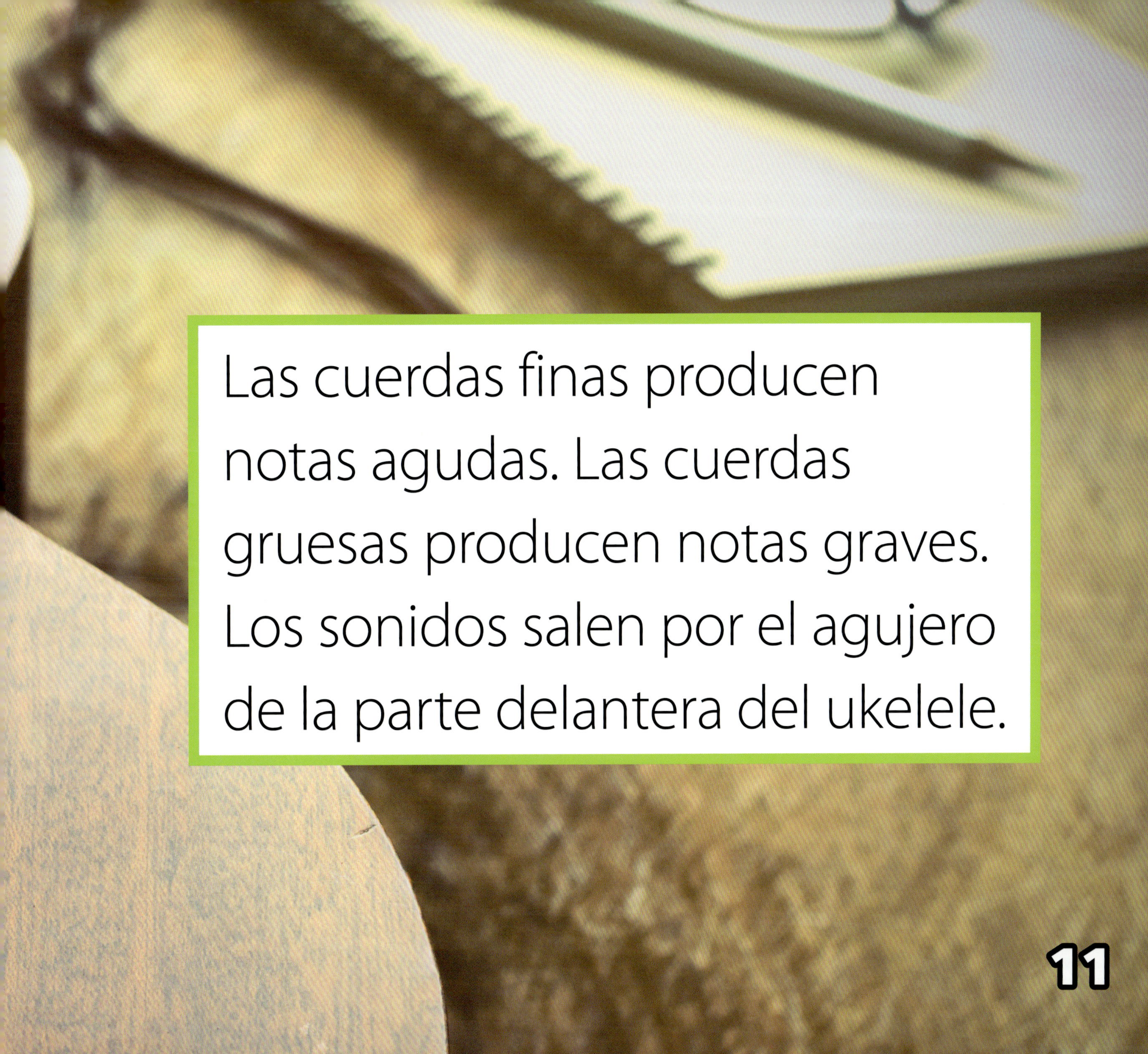

Las cuerdas finas producen notas agudas. Las cuerdas gruesas producen notas graves. Los sonidos salen por el agujero de la parte delantera del ukelele.

Hay diferentes tipos de ukeleles. El ukelele eléctrico se enchufa a un amplificador y suena más fuerte. Los ukeleles eléctricos suenan diferente de los demás ukeleles.

Applause

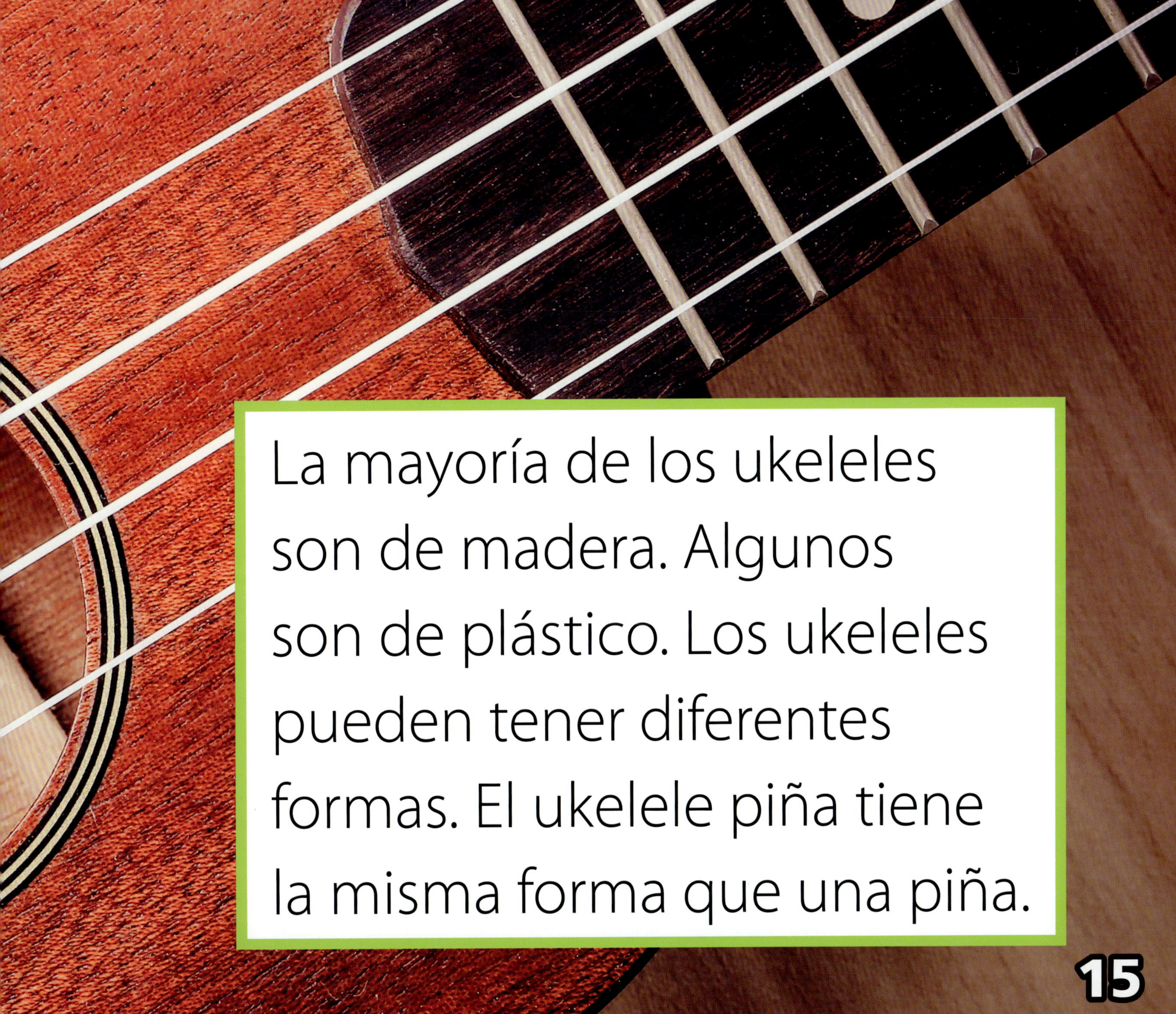

La mayoría de los ukeleles son de madera. Algunos son de plástico. Los ukeleles pueden tener diferentes formas. El ukelele piña tiene la misma forma que una piña.

Los portugueses llevaron los ukeleles a Hawái. Al rey de Hawái le gustaron mucho. Pronto, los ukeleles se hicieron muy populares en Hawái.

El primer ukelele se fabricó hace unos 135 años.

Los ukeleles se usan en muchos tipos de música. Se tocan en la música hawaiana y también en la música pop.

"*Tiptoe through the Tulips*" ("De puntillas a través de los tulipanes") fue una canción de ukelele muy popular en 1968.

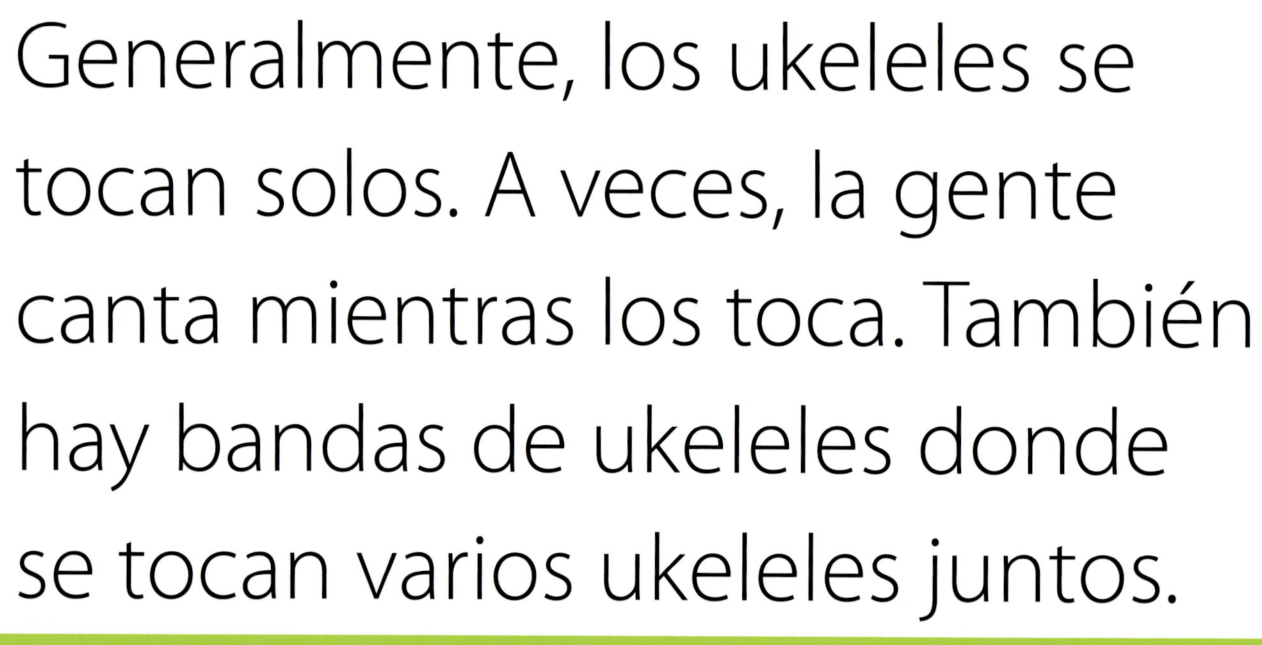

Generalmente, los ukeleles se tocan solos. A veces, la gente canta mientras los toca. También hay bandas de ukeleles donde se tocan varios ukeleles juntos.

Veamos qué has aprendido sobre los ukeleles.

¿Cuáles de estas imágenes no muestran a un ukelele?

Step 1
Go to **www.av2books.com**

Step 2
Enter this unique code
AVC35873

Step 3
Explore your interactive eBook!

AV2 Spanish is optimized for use on any device

Published by AV2
350 5th Avenue, 59th Floor New York, NY 10118
Website: www.av2books.com

Library of Congress Control Number: 2019955503

ISBN 978-1-7911-2231-7 (hardcover)
ISBN 978-1-7911-2232-4 (multi-user eBook)

Printed in Guangzhou, China
1 2 3 4 5 6 7 8 9 0 24 23 22 21 20

032020
101719

Spanish Project Coordinator: Sara Cucini Spanish Editor: Translation Services USA LLC
Designer: Nick Newton English Project Coordinator: John Willis

Weigl acknowledges Alamy, Getty Images, Shutterstock, and Wikimedia as the primary image suppliers for this title.

View new titles and product videos at www.av2books.com